NUESTRO SISTEMA SOLAR

SATURNO

por Alissa Thielges

AMICUS

anillos

hexágono

Busca estas palabras e imágenes mientras lees.

sonda

Titán

Mira ese planeta gigante.

¡Es Saturno!

Saturno es muy frío.

Es el sexto planeta más próximo al Sol.

Marte

La Tierra

Venus

Mercurio

Sol

Neptuno

Urano

Saturno

Júpiter

¿Ves los anillos? Tiene siete.
Están hechos de hielo y roca.

anillos

¿Ves la tormenta hexagonal?

Tiene seis lados.

Está en la parte superior
de Saturno.

hexágono

sonda

¿Ves la sonda?

Giró alrededor de Saturno durante 13 años.

Tomó muchas fotografías.

¿Ves Titán, la luna?

Saturno tiene más de 80 lunas.

La más grande es Titán.

Titán

¡Mira! ¡Puedes ver Saturno desde la Tierra! Parece una estrella.

Saturno

Júpiter

luna

anillos

hexágono

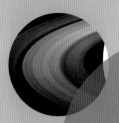

¿Lo encontraste?

sonda

Titán

Publicado por Amicus Learning, un sello de Amicus
P.O. Box 227, Mankato, MN 56002
www.amicuspublishing.us

Library of Congress Cataloging-in-Publication Data
Names: Thielges, Alissa, 1995- author.
Title: Saturno / por Alissa Thielges.
Other titles: Saturn. Spanish
Description: Mankato, MN : Amicus, [2024] | Series: Spot. Nuestro sistema solar | Audience: Ages 4-7 | Audience: Grades K-1 | Summary: "Saturn—large and ringed. Early readers discover the gas giant's key features and what makes it different from other planets in the solar system. Simple, Spanish text and a search-and-find feature reinforce new science vocabulary in this North American Spanish translation"—Provided by publisher.
Identifiers: LCCN 2022049451 (print) | LCCN 2022049452 (ebook) | ISBN 9781645495888 (library binding) | ISBN 9781681529127 (paperback) | ISBN 9781645496182 (ebook)
Subjects: LCSH: Saturn (Planet)—Juvenile literature.
Classification: LCC QB671 .T5418 2024 (print) | LCC QB671 (ebook) | DDC 523.46—dc23/eng20230106
LC record available at https://lccn.loc.gov/2022049451
LC ebook record available at https://lccn.loc.gov/2022049452

Rebecca Glaser, editora
Deb Miner, diseñador de la serie
Lori Bye, diseñador de libro
Omay Ayres, investigación fotográfica

Créditos de Imágenes: Dreamstime/Luyag2 6-7; Getty/ewg3D 4-5, Gary Hershorn 14, SCIEPRO/SCIENCE PHOTO LIBRARY cover; iStock/Ianm35 12-13; NASA/JPL-Caltech 10-11; Shutterstock/Dotted Yeti 3, 16, Pike-28 8-9; Wikimedia Commons/NASA/JPL/Space Science Institute 1

SATURNO

Impreso en China